ADA MAGNÍFICA, CIENTÍFICA

INVESTIGA

¡TODO SOBRE LAS **PLANTAS!**

Andrea Beaty y Dra. Theanne Griffith

Beascoa

Para las talentosas personas que ayudaron
a Ada a dar el salto de la página a la pantalla.
Muchas gracias. A. B.
Para mi madre. T. G.

Penguin
Random House
Grupo Editorial

Esta es una obra de ficción. Los nombres, personajes, lugares y eventos son
producto de la imaginación de la autora o están usados de manera ficticia. Cualquier parecido con
personas reales, vivas o fallecidas, establecimientos comerciales, sucesos o lugares, es fortuito.

Originalmente publicado en inglés en 2022 bajo el título
ADA TWIST, SCIENTIST-The Why Files: All About Plants
por Amulet Books, un sello de ABRAMS, Nueva York.
(Todos los derechos reservados, en todos los países, por Harry N. Abrams, Inc.)

Primera edición: octubre de 2022

ADA TWIST ™ Netflix. Usado con autorización.
Copyright © Andrea Beaty, por el concepto y el texto
Imágenes de la serie ADA TWIST © Netflix, Inc. Usadas con autorización de Netflix.
Ada Magnífica, científica y los Preguntones fueron creados por Andrea Beaty y David Roberts
Copyright © 2023, Penguin Random House Grupo Editorial USA, LLC
8950 SW 74th Court, Suite 2010
Miami, FL 33156
Publicado por Beascoa,
una división de Penguin Random House Grupo Editorial
Todos los derechos reservados.

Traducción: 2022, Dra. Alexandra de Castro
Diseño de cubierta: Charice Silverman
Ilustraciones: Steph Stilwell

Imágenes cortesía de Shutterstock.com: Cubierta: girasol, Radoslaw Maciejewski; regadera, Nerthuz;
flores de cerezo, Emilio100; planta, violetkaipa; tierra, domnitsky. Páginas i, 3 (lhoja), 4, 20, 36:
Jr images. Página 8: tierra, Nataly Studio; frutas, Natalia Lisovskaya. Página 9: Zen S Prarom.
Página 10: Kobkit Chamchod. Página 15: Casther. Página 19: wavebreakmedia. Páginas 21, 57, 72,
75: hoja verde. Page 34: árbol nevado, Andrey tiyk. Página 39: Naturaleza, Clickz. Página 40: girasol,
Radoslaw Maciejewski. Página 44: hoja, The Gallery; tierra, Nataly Studio.
Página 48: Sardo Michael. Page 58: Herrieynaha. Página 60: Koy Jang. Página 62: Boris Medvedev.
Página 64: Nataly Studio. Imágenes cortesía de Dominio Público: Páginas 2, 40 (manzanas), 45 (flores
de manzana, lirio): George Chernilevsky. Página 3: cactus, Laitche. Página 11: papas, MarkBuckawicki;
zanahorias, congerdesign. Página 16: Ho Nguyen Han. Página 17: árboles verdes, The Frog001;
árboles amarillos, Mshuang2. Página 18: Wanda Sisk. Página 29: Tbk1101. Página 34: árbol verde,
Thomson200. Página 44: rosa, Huhu; hibisco, ShinyButton. Página 49: J Zapell. Página 52: Alabama
Extension. Página 65: Ksd5. Imágenes cortesía de Creative Commons: Página 26: árbol, Bruce
Marlin; waffles, TheCulinaryGeek. Página 37: Paul Shannon. Página 35: "Bosque de hoja perenne"
de Image Catalog. Página 53: Becky Matsubara. Página 61: David Ohmer.

Impreso en Colombia / *Printed in Colombia*

ISBN: 978-1-64473-703-3

23 24 25 26   10 9 8 7 6 5 4 3 2

¡Veo una florecita en una grieta en la acera! ¿Por qué está ahí?

¡Es un misterio! ¡Una adivinanza! ¡Un rompecabezas! ¡Un desafío!

¡Es hora de descubrir todo sobre las plantas!

Hay plantas en todo el planeta. Pueden crecer en las montañas o debajo del agua. Hay plantas de muchas formas y tamaños, pero todas están compuestas por las mismas partes principales.

INVESTIGA

HeCHOS

LAS PARTES DE UNA PLANTA

- **LAS FLORES**
  No todas las plantas tienen flores.
  ¡Pero la mayoría sí!

- **EL TALLO**

- **LAS HOJAS**

- **LAS RAÍCES**

?

?

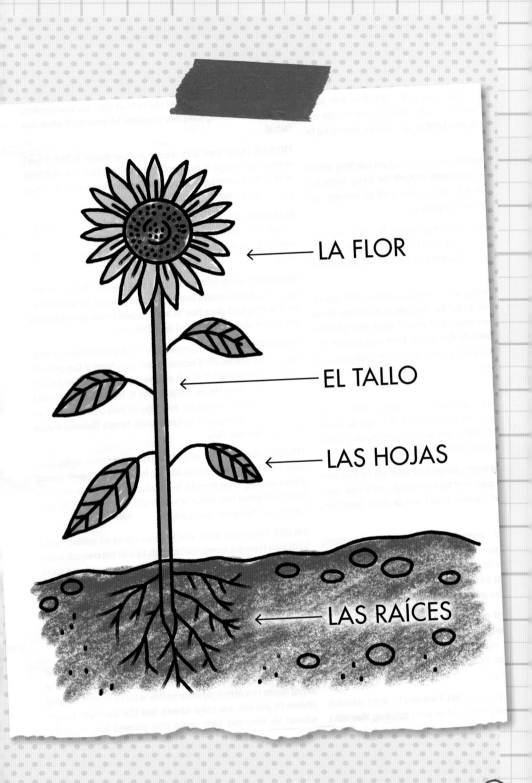

LA FLOR

EL TALLO

LAS HOJAS

LAS RAÍCES

Las plantas no tienen bocas.

¿CÓMO COMEN LAS PLANTAS?

¡Las plantas usan las **raíces**! Al igual que nosotros, las plantas necesitan agua y nutrientes para crecer. Las raíces de las plantas absorben agua y nutrientes de la tierra. Pero las raíces no solo ayudan a las plantas a crecer. ¡También les dan el soporte que les permite mantenerse en pie! Las raíces sostienen firmemente las plantas en el suelo.

Los nutrientes están en los alimentos que comemos. ¡Y también están en la tierra! Los nutrientes ayudan a las personas y a las plantas a crecer fuertes.

¡Fascinante!

Como sucede con las plantas, hay raíces de muchas formas y tamaños. Algunas crecen en todas las direcciones y no llegan muy hondo.

Otras raíces crecen derecho hacia abajo, muy profundo en la tierra.

¡Algunas raíces también son nutritivas para nosotros! Tanto las papas como las zanahorias son raíces que comemos.

Las plantas beben usando sus raíces. ¿Qué pasa después?

¿Cómo llegan el agua y los nutrientes desde las raíces al resto de la planta? ¡Se mueven por el tallo hacia arriba! Este es uno de los trabajos más importantes del tallo.

Los tallos están llenos de tubos diminutos. Esos tubos funcionan como las cañerías: envían agua y nutrientes a donde son requeridos. Los tallos también pueden guardar nutrientes, ¡como la despensa de la cocina!

Esto no es lo único que hacen los tallos, también sostienen las hojas para que les dé el sol.

Algunos tipos de plantas tienen el tallo de madera. Se llaman plantas leñosas. Los árboles son un tipo de planta leñosa, pues su tallo está cubierto con una corteza. A este tipo de tallos se les llama troncos. Los troncos son muy fuertes y ayudan a los árboles a crecer muy alto.

Pensar en las plantas me da hambre. Yo me las como.

¿QUÉ COMEN LAS PLANTAS?

Nosotros obtenemos nutrientes de los alimentos. Las plantas obtienen el agua y los nutrientes de la tierra. ¿Cómo convierten las plantas el agua y los nutrientes en comida? ¡Usan sus hojas y el sol!

LAS PARTES DE UNA HOJA

- **EL LIMBO** es la parte principal de la hoja. Allí es donde se elabora la comida.

- **EL PECIOLO** conecta la hoja al resto de la planta.

- **LOS NERVIOS** son como tubos pequeños. Ellos llevan agua y nutrientes del tallo al resto de la hoja.

EL LIMBO

LOS
NERVIOS

EL PECIOLO ⟶

Las hojas de las plantas usan la luz del sol, agua y **dióxido de carbono** para elaborar su comida. Este proceso se llama **fotosíntesis**. Los humanos y los animales no pueden hacerlo. Los hongos, como los champiñones, tampoco pueden. ¡Solo las plantas!

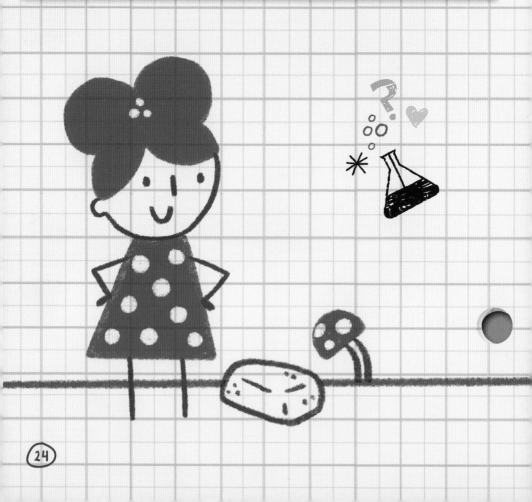

CAMPEÓN DE LA FOTOSÍNTESIS

Necesito agua y comida.

También necesito aire.

¿LAS PLANTAS TAMBIÉN NECESITAN AIRE?

Las plantas necesitan aire para elaborar su comida. Pero lo usan de una manera distinta a la nuestra.

Nosotros respiramos el **oxígeno** del aire con nuestra nariz y boca. Luego, exhalamos **dióxido de carbono**. ¡En la fotosíntesis ocurre lo contrario! Las hojas de las plantas están cubiertas de unos poros llamados **estomas**. Así como nuestra nariz y boca, los estomas se abren para dejar entrar y salir el aire. Las plantas respiran dióxido de carbono y exhalan oxígeno. Esto es importante para nuestro planeta. ¡Más oxígeno significa menos contaminación del aire!

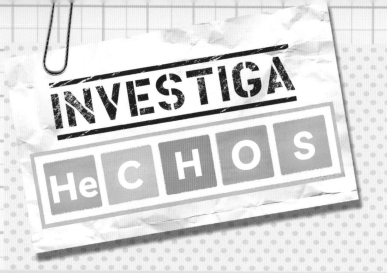

INVESTIGA

HeCHOS

Muchos seres vivos comen plantas, pero los humanos también han usado las plantas como medicina.

La nación Mohegan usaba savia de **ARCES AZUCARADOS** para tratar el dolor de garganta. También hacían sirope de arce.

Los incas preparaban té de una planta llamada MUÑA. Esta hierba tiene muchas vitaminas y minerales como el calcio, que fortalece los huesos y los dientes. Los peruanos todavía usan la MUÑA en el té y en otras comidas, como sopas y guisos.

Los antiguos egipcios usaban MENTA para lavarse los dientes y la boca. ¡La MENTA todavía se usa como ingrediente de la pasta dental!

Muchas plantas tienen las hojas verdes. ¿Por qué?

Las plantas tienen un pigmento especial llamado clorofila. ¡Los pigmentos también se encuentran en las pinturas y le dan color al mundo que nos rodea! La clorofila convierte la luz del sol en comida para las plantas y también les da el color verde.

No todas las plantas son verdes. ¿Qué sucede con las plantas de hojas rojas? ¿O púrpuras? ¿Son diferentes? ¿También pueden elaborar comida? ¡Sí! Sus hojas también tienen clorofila y siguen haciendo fotosíntesis, pero tienen otros pigmentos que convierten la luz en comida, pero les dan a las hojas un color rojo o púrpura.

¡Maravilla manzanilla! Me encantan los árboles verdes en el verano. ¿Por qué cambian de color en el otoño? ¿Por qué sus hojas se caen?

Cuando cambia la estación, hay menos luz solar y hace más frío. Esto hace que la clorofila de las hojas se rompa. Las hojas que solo tienen clorofila se vuelven amarillas, mientras que los colores de las que tienen muchos tipos de pigmentos ¡comienzan a brillar! Pueden volverse rojas, anaranjadas o púrpuras en otoño. Con el tiempo, esos otros pigmentos también se rompen. Entonces las hojas se caen de los árboles.

Buenas noches.
¡Hasta la primavera!

Las hojas se caen en otoño.

¿Se levantan en primavera?

No todos los árboles pierden sus hojas en invierno. Los árboles de hoja perenne tienen agujas en vez de hojas y solo pierden unas pocas al mismo tiempo. ¡Las agujas caen en primavera, verano, otoño e invierno!

LA PLANTA

(Un poema de Ada Magnífica)

¿Ser una planta es divertido?
Ciertas cosas puedes hacerlas,
no todo está permitido.

Puedes escalar un muro
y de sol darte un baño.
Muy alta o muy pequeña
¡puedes cambiar de
    tamaño!

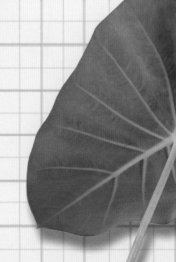

Pero no hacer experimentos
ni bicicleta montar
y otras muchísimas cosas
que feliz me hacen estar.

Así que en vez de ser
una papa, un tulipán
    o un higo...
seguiré siendo
    Ada,
estoy muy
    feliz
    conmigo.

Mi flor es muy bonita.

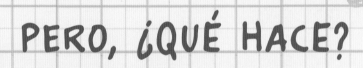

PERO, ¿QUÉ HACE?

Las flores tienen un trabajo muy importante. ¡Ayudan a hacer más plantas!

La mayoría de las plantas nacen de semillas. Esto significa que las plantas necesitan semillas para hacer más plantas. Las flores tienen un polvo especial llamado **polen**. Cuando el polen se mueve de flor en flor, se llama **polinización**. ¡Y mezclando polen de diferentes flores se producen las semillas!

¡Polen!

TIPOS DE SEMILLAS

SEMILLA DE GIRASOL

SEMILLA DE CALABAZA

SEMILLA DE MANZANA

Pero mezclar polen no solo produce semillas. ¡La mezcla en el aire puede también hacernos estornudar!

Algunas flores son pequeñas. Otras son grandes. Algunas tienen colores brillantes.

Otras no.

¿TODAS LAS PLANTAS TIENEN FLORES?

¡No! Los pinos, por ejemplo, tienen conos. ¡Los conos tienen polen como las flores! Cuando el polen se mueve de cono en cono, se producen las semillas.

Hay plantas que no tienen ni flores ni conos. Los helechos usan **esporas** (suena como *espera*, pero con *o*). Las esporas también son como polvo. Se forman en la parte inferior de algunas hojas.

Cuando las esporas de varias plantas se mezclan en la tierra, ¡nacen más plantas!

- Algunas de las plantas más altas del mundo son árboles que tienen conos. Se llaman **CONÍFERAS**.

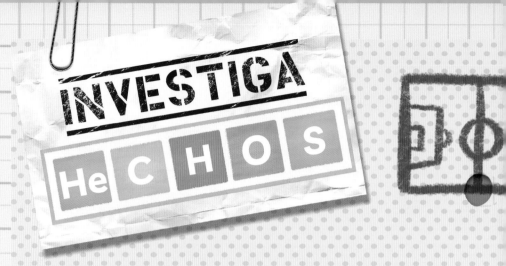

- La planta más pequeña del mundo se llama **LENTEJA DE AGUA**. Cada planta es más o menos del tamaño de un grano de arroz.

- La planta viva más antigua del mundo se llama **PANDO**. ¡Pando se encuentra en Utah y tiene aproximadamente 80,000 años!

- PANDO es también el organismo vivo más grande sobre la Tierra. Desde arriba, Pando se ve como un bosque enorme.

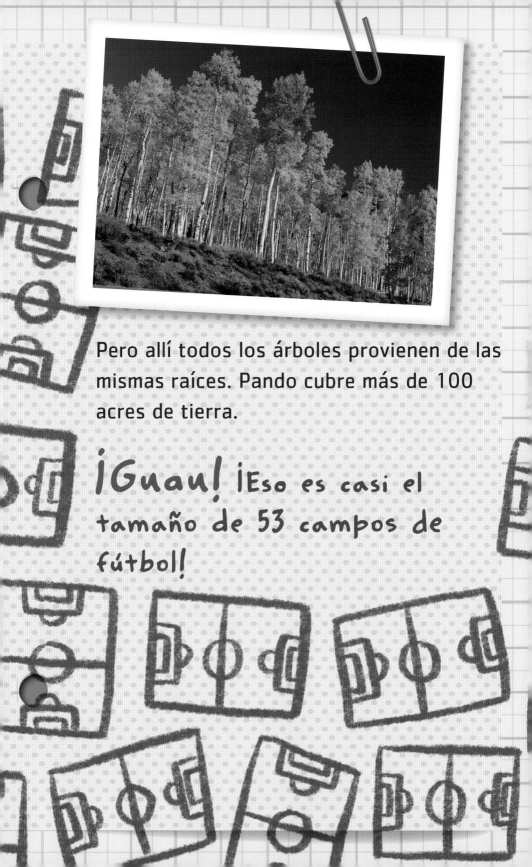

Pero allí todos los árboles provienen de las mismas raíces. Pando cubre más de 100 acres de tierra.

¡Guau! ¡Eso es casi el tamaño de 53 campos de fútbol!

¿Cómo viaja el polen de flor en flor, o de cono en cono? El viento ayuda a muchas plantas a esparcir el polen.

Otras plantas reciben un poco de ayuda. ¡Necesitan insectos y aves!

¡Hay una abeja en mi flor!

¿QUÉ ES LO QUE QUIERE?

Las flores producen **néctar**. El néctar es una mezcla de azúcar y agua. ¡A las abejas les encanta su sabor!

Las abejas vuelan de flor en flor tomando el néctar para fabricar miel. Mientras zumban de un lado a otro, mezclan el polen entre las flores. Los colibríes también toman néctar y esparcen el polen de flor en flor. Sin las abejas, los colibríes y otros insectos, muchas plantas no podrían sobrevivir en nuestro planeta.

Naomi Fraga es una botánica. ¡Eso significa que estudia las plantas! Algunas de las plantas que estudia viven en el desierto. El desierto es muy seco, así que esas plantas toman menos agua que otras, pero tienen maneras ingeniosas de permanecer hidratadas.

NECESITAMOS UNA LLUVIA DE IDEAS

Los insectos y las aves son importantes para la polinización. Nos ayudan a cultivar alimentos y ellos también necesitan comida. A medida que construimos casas y carreteras, nos vamos quedando sin flores. ¡Te explico cómo podemos ayudar!

- A todas las plantas no les salen las flores al mismo tiempo. Cultiva plantas en tu jardín que tengan flores en diferentes estaciones. ¡Así, los polinizadores tendrán comida todo el año!

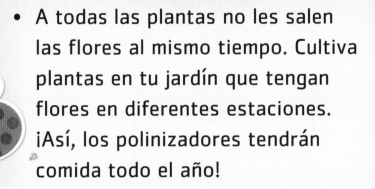

- Los polinizadores usan algunas plantas como alimento y otras para protegerse. Cultiva un poco de hierba alta en tu jardín para que se escondan. ¡Incluso en una maceta funcionará!

- Al igual que las plantas, los polinizadores necesitan agua. ¡Poner un bebedero para pájaros los ayudará!

Mi flor huele tan dulce. Una vez, me encontré una flor tan apestosa como una media usada. ¡PUAJ!

Algunas flores son apestosas. Muy apestosas.

La flor Rafflesia

De hecho, la flor más grande del mundo huele a carne podrida. ¿Quién quiere oler eso? ¡Una mosca! A las moscas les gusta comer casi todo, incluso cosas que huelen mal. Las flores apestosas usan moscas y escarabajos para mezclar polen.

También encontré una semilla
en una grieta en la acera.
¿Se convertirá en una flor?

¿Cómo hace una semilla para convertirse en una planta? Primero necesita llegar el suelo.

Las semillas pueden caer de las flores. Las personas también pueden plantar las semillas en la tierra. ¡Incluso pueden venir de la caca!

Algunas flores producen frutas y todas las frutas tienen semillas. Cuando un animal come frutas, las semillas pueden atravesar su vientre y salir del otro lado, ¡en la caca! Las semillas caen al suelo, listas para convertirse en una planta.

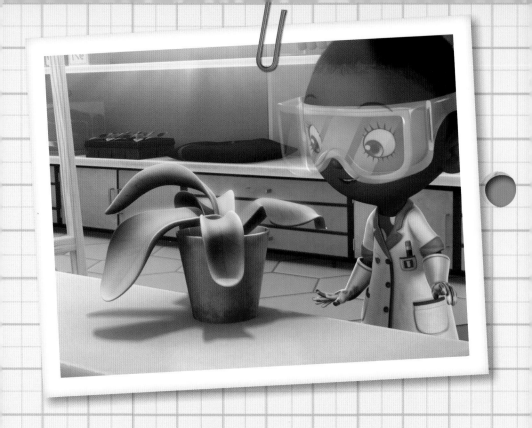

¡Tengo una idea! Pondré una semilla en una maceta con tierra. ¿Crecerá?

Cuando una semilla está en la tierra, necesita agua y oxígeno para crecer. El aire está en todos lados. ¡Incluso dentro de la tierra!

A algunas semillas les gusta la tierra fría, pero a otras les gusta templada ¡o incluso caliente! La tierra tiene que estar a la temperatura ideal.

Lo primero que crece de una semilla son las raíces. Las raíces toman agua y nutrientes. Esto le da energía a la semilla para producir una pequeña planta. Cuando la planta se hace más grande, sale del suelo. Estas plantas bebés se llaman plantas de **semillero**. Ahora ellas pueden hacer fotosíntesis para producir su propia comida y crecer... Y crecer... ¡Y crecer!

INVESTIGA

PIONEr@S

JANE COLDEN fue la primera botánica en los Estados Unidos. Entre 1753 y 1758 recolectó información de cientos de plantas de diferentes tipos en Nueva York.

GEORGE WASHINGTON CARVER fue uno de los primeros afroamericanos dedicado a la botánica. Su trabajo ayudó a los agricultores a aprender las mejores maneras de cultivar muchos tipos de plantas.

THOMAS WYATT TURNER fue la primera persona negra en los Estados Unidos que obtuvo un doctorado en botánica (la ciencia de las plantas), en 1921. Estudió cómo los nutrientes en la tierra influyen en el crecimiento de las raíces.

MARIE CLARK TAYLOR se convirtió en la primera mujer negra estadounidense en obtener un doctorado en botánica en 1941. Ella investigó cómo la luz influye en el crecimiento de las plantas.

Ahora tengo MÁS PREGUNTAS que antes.

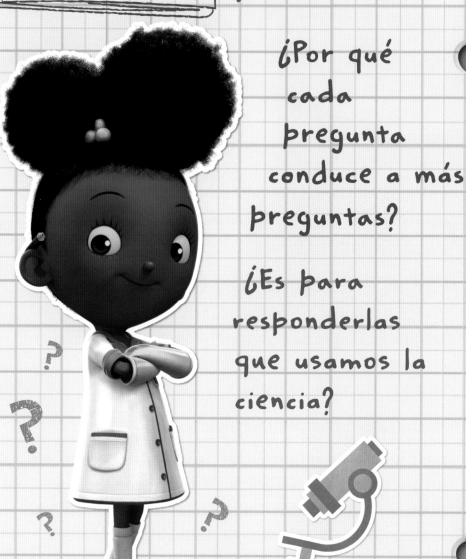

¿Por qué cada pregunta conduce a más preguntas?

¿Es para responderlas que usamos la ciencia?

¡MIS PREGUNTAS!

¿A las abejas les gustan más las flores amarillas o las rojas?

¿Cómo descubrieron los nativos americanos cuáles plantas eran útiles?

¿La luz de la luna ayuda a las plantas a crecer?

¿Cómo zumban las abejas?

¿Cómo puedo ayudar a los polinizadores?

¿Crecen plantas en otros planetas?

¿Cuál es la raíz más profunda?

¿Qué tan lejos esparcen las semillas las aves u otros animales?

EXPERIMENTOS SIMPLES DE CIENCIA

¡NECESITAS LA AYUDA DE UN ADULTO!

¡RAÍCES EN ACCIÓN!

MATERIALES

- 3 vasos transparentes (de plástico o de vidrio)

- Agua

- Colorante de comida

- 3 tallos de apio con sus hojas

- Una regla

- Un cuchillo

- Una tabla de cortar (opcional)

INSTRUCCIONES

1 Llena cada vaso con agua hasta la mitad.

2 Añade el colorante de comida al agua. Entre 5 y 10 gotas son suficientes.

3 Mezcla suavemente.

4 Pide a un adulto que te ayude a cortar los extremos de los tallos de apio. Deben quedar lo suficientemente pequeños para no volcar los vasos cuando los pongas adentro.

5 Coloca cada tallo de apio en un vaso con agua coloreada.

6 ¡Llegó el momento de observar! Toma notas describiendo a los tallos de apio a diferentes horas. ¿Cómo se ven dos horas más tarde? ¿Qué tal dentro de cuatro horas? ¿O dentro de veinticuatro?

Cuando termines, corta el tallo por la mitad. ¡Observa los tubos diminutos que tiene por dentro! ¿Cómo se ven?

¡HAGAMOS OTRO EXPERIMENTO!

¡EL GERMINADOR!

MATERIALES

- Una bolsa pequeña de plástico con cremallera
- Una toalla de papel
- Algunos frijoles (por ejemplo, frijoles pintos)
- Cinta adhesiva
- Una ventana

INSTRUCCIONES

1 Pon a remojar los frijoles en agua. Déjalos remojando toda la noche.

2 Al día siguiente, moja una toalla de papel con agua y colócala dentro de la bolsa de plástico con cremallera.

3 Añade los frijoles remojados a la bolsa.

4 Cierra la bolsa y pégala a la ventana.

5 ¡Observa! ¿Cómo se ven tus semillas veinticuatro horas más tarde? ¿Qué tal después de tres días? ¿O dentro de una semana?

¡Puedes hacer varios experimentos a la vez! Pega una bolsa a la puerta de un closet y otra a una ventana con sol. ¿En cuál bolsa crecen las semillas más rápido? También puedes comparar entre diferentes tipos de semillas. ¿Cuál brota primero?

Andrea Beaty es la autora exitosa de la serie Los Preguntones y de muchos otros libros. Es licenciada en biología y ciencias de la computación. Andrea vive en las afueras de Chicago donde escribe libros para niños y planta flores para las aves, las abejas y los insectos. Aprende más sobre sus libros en AndreaBeaty.com.

La **Dra. Theanne Griffith** es una científica que estudia el cerebro durante el día y cuenta historias por la noche. Es la investigadora principal de un laboratorio en la Universidad de California–Davis y autora de la serie de aventuras de ciencia *The Magnificent Makers*. Vive en California del Norte con su familia. Aprende más sobre sus libros de ciencia, matemáticas, ingeniería y tecnología en TheanneGriffith.com.